AF259601

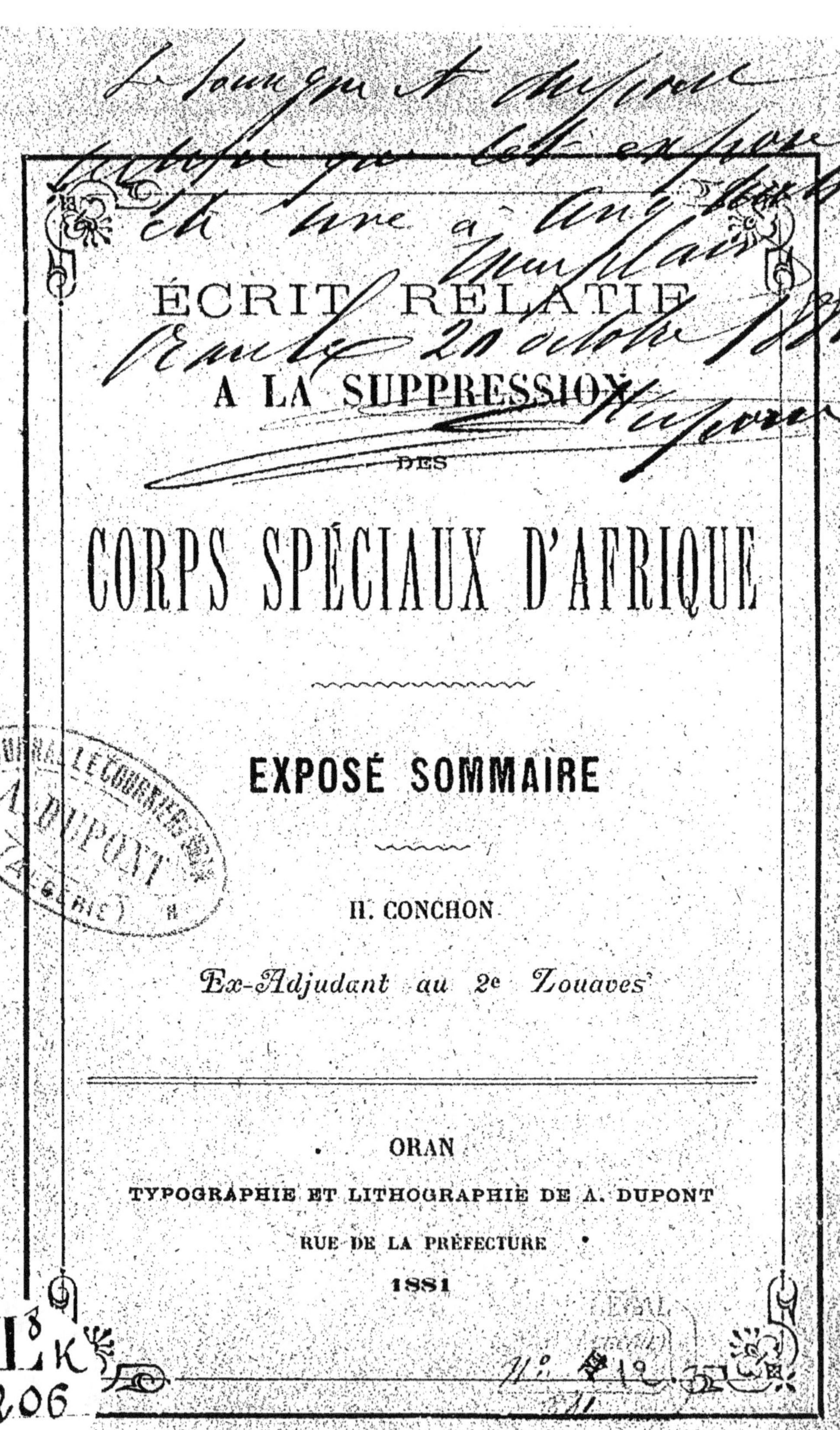

ÉCRIT RELATIF

A LA SUPPRESSION

DES

CORPS SPÉCIAUX D'AFRIQUE

EXPOSÉ SOMMAIRE

H. CONCHON

Ex-Adjudant au 2e Zouaves

ORAN

TYPOGRAPHIE ET LITHOGRAPHIE DE A. DUPONT

RUE DE LA PRÉFECTURE

1881

ÉCRIT RELATIF

A LA SUPPRESSION

DES

CORPS SPÉCIAUX D'AFRIQUE

EXPOSÉ SOMMAIRE

H. CONCHON

Ex-Adjudant au 2e Zouaves

ORAN

TYPOGRAPHIE ET LITHOGRAPHIE DE A. DUPONT

RUE DE LA PRÉFECTURE

1881

ÉCRIT RELATIF

A LA SUPPRESSION

DES

CORPS SPÉCIAUX D'AFRIQUE

EXPOSÉ SOMMAIRE

H. CONCHON

Ex-Adjudant au 2me Zouaves

Puisque de la discussion jaillit la lumière, que le dernier caillou produise une étincelle.

Tout Français devrait connaître l'Afrique, de même que tout Algérien devrait connaître la Mère-Patrie.

Pour arriver à ce but d'une certaine profondeur, je soumets aux hommes de mon pays, l'examen de la Suppression des Corps spéciaux d'Afrique; accordant ainsi aux différentes armes de France, le privilège de concourir à s'aguerrir sur ce sol en ébulition, accidenté, immense.

Nulle puissance, ne possède à sa porte, une étendue aussi vaste pour former ses soldats. Napoléon Ier avait l'Europe pour les aguerrir, nous, moins ambitieux, n'avons-nous pas l'Algérie et sans tourmenter nos voisins, ne pourrions-nous pas sur cette partie du continent africain y recréer les premiers soldats du monde ?

Les voyages éclairent généralement les hommes, leur ouvrant l'esprit, les rendant communicatifs, formant leur caractère, donnant de l'aplomb, de l'énergie et trempant le courage.

Comparons le soldat d'Afrique à celui de France : le premier est devenu alerte, vigoureux, son maintien sous les armes son expérience du métier le rend en tout supérieur.

Le deuxième est ce qu'était le premier à son début dans la carrière, sauf l'instruction de caserne qu'il a reçue et qui est insuffisante.

« On sait toujours coucher dans un bon lit et manger régulièrement sa soupe. »

Le soldat qui a fait campagne, sait se remuer, se retourner, il a fait des étapes sans pain, sans eau, souvent sans souliers, etc., etc., se familiarisant ainsi aux différentes souffrances, aux marches et mouvements des masses, apprend à camper ainsi que les détails subordonnés aux difficultés du déplacement des différents lieux où il est conduit

Il apprend aussi à se procurer du bois, de l'eau dans les lieux isolés, ainsi que les choses nécessaires à alléger sa situation quotidienne.

Les soins à donner aux chevaux, bêtes de somme, à leurs harnachements, aux armes blanches et à feu, aux effets d'habillements, d'équipements, etc., n'étant plus si faciles qu'en garnison, il en pratique le nouvel entretien.

De même pour la confection des divers aliments. Tel soldat de France se trouvera runté par mille petits riens, qui n'arrêtent et n'embarrassent celui qui y est passé. Ce sont des choses qu'on oublie difficilement, tant elles frappent l'imagination et surtout le ventre.

Les premières fatigues sont dures et accablantes, raison pour laquelle on ne peut attendre, d'un soldat neuf, les mêmes bénéfices que celui qui est entraîné, rompu aux fatigues et aux privations

C'est une qualité essentielle chez le soldat, que savoir supporter les privations ; il est donc nécessaire de l'y préparer, avant que force majeure l'y contraigne.

En arrivant à l'étape, si les circonstances ne l'obligent à la forcer, il n'a plus le billet de logement, les villes ou villages où il peut se procurer un certain bien être sont loin de lui ; le sol de la terre est devenu son lieu de repos, une faible tente l'abrite et souvent par des temps affreux, les dispositions nécessaires d'un terrain à couvrir l'en privent et l'obligent au bivouac.

Toutes ces vicissitudes ne manquent pas de produire de bons résultats, elles font de bons troupiers ; officiers et soldats s'y touchent le coude, et l'esprit de solidarité va l'établissant entr'eux ; tous y puisant la science nécessaire au métier des armes.

Dans une guerre quelconque, les premières luttes avec l'ennemi sont souvent le commencement de la fin. Un soldat qui n'a jamais connu les difficultés d'une entrée en campagne, se trouve désorienté, et c'est souvent ce début, compromis par le manque de solidité chez lui, qui décide de la victoire et des conséquences de l'avenir.

Il est de nécessité absolue que tout homme connaisse le rôle qui lui est donné de remplir ; pour arriver à ce but, tout dépend de l'instruction et des différents exercices auxquels il a été soumis. Cette instruction jointe aux fatigues, aux privations supportées en campagne le familiariseront aux embarras nouveaux qu'il rencontrera sur les différents points qu'il aura à parcourir. L'expérience affermira le sentiment de sa force et de sa valeur personnelle.

Je propose un problème à résoudre, je le soumets aux hommes instruits et pratiques, lorsque j'aurai exposé mes idées, ou que j'aurai pu par cet écrit faire connaître ma pensée, je leur laisserai le soin d'en compléter l'exécution.

J'ai l'espérance, que ceux qui ont souci de notre avenir, dans ces moments pleins de périls, ne voudront pas dédaigner les avis de quelque part qu'ils arrivent, vu le jour, plus ou moins rapproché, où de graves complications peuvent surgir à l'horizon. Il devient urgent que tout Français soit mis à même de savoir combattre pour la défense du pays.

Les grands hommes, les hommes prévoyants qui envisagent cet avenir tout en s'efforçant d'en reculer la date, ne doivent rien négliger, avant qu'il arrive pour mettre en état de défense la Patrie. Cette défense, résidant le plus souvent, dans la valeur de la troupe, que par les ouvrages ou les forteresses de tous genres, qui n'en sont quelquefois que de faibles auxiliaires.

Une nouvelle loi, réduisant le service actif de 5 à 3 ans, ne serait-elle pas favorable pour compenser cette réduction de temps, que chaque classe, après avoir fait deux années en France, fut dirigée en Afrique, pour y compléter son instruction pratique ? Il résulterait de ce fait, que, dans peu d'années, toutes les levées de classe y passeraient à leur tour ; chacun alors, parlerait de l'Afrique avec connaissance de cause, ce qui ferait mieux aimer cette colonie ; car tout en nous formant des guerriers, elle nous amènerait plus tard des colons.

Cette venue de nos soldats de France, aurait encore le bienfait de diminuer l'élément nomade et dangereux des étrangers en trop grand nombre ; nous arriverions ainsi à balancer, sinon à diminuer, l'émigration annuelle des différents peuples, et nous finirions par former un noyau homogène, capable de résister aux intrigues à venir.

Ce projet ne présente comme difficultés, que le déplacement annuel des masses, le moyen de les encadrer et les dépenses.

Cent dix à cent vingt mille hommes, quittant au moment de leur dernière année de service, les divers régiments de toutes armes pour satisfaire à l'année pratique d'Afrique, produiraient un grand mouvement : mais là n'est qu'une affaire de transport, le point essentiel est le cadre. *Le former* ou *le prendre* dans les corps actifs.

Dans le premier cas, il se présente à la pensée, la formation d'un cadre de commandement complet ; je le

repousse parce qu'il donnerait lieu à une quantité consi-
dérable de nominations, outre les dépenses d'entretien.

Dans le deuxième cas, qui retranche complétement
le premier, ne pourrait-on pas l'établir par le nombre
de valeurs prises dans les corps permanents de France,
qui fourniraient entr'eux le nombre d'Officiers de tous
grades devant prendre part annuellement aux opérations
de l'armée d'Afrique.

Le *Cadre*, au départ de chaque classe, conduirait cette
levée à destination, il en serait de même de *celui*, qui
ayant déjà participé à l'armée d'Afrique. étant relevé
par les arrivants, ramènerait en France la classe à libérer
Ce cadre ne serait pas rayé des contrôles des corps
auxquels il appartient, on ferait simplement figurer la
mention suivante dans la colonne d'observations :
« Détaché en Afrique » il en serait de même des
hommes, qui, de retour dans leur corps, seraient libérés
par les soins de celui-ci.

Tous les ans, un mois ou deux avant l'envoi de la
classe dite d'Afrique ; par ordre du Ministre de la
Guerre, les divers conseils d'administrations de chaque
corps établiraient les états nominatifs des officiers et
soldats appelés à cette participation, de manière qu'à
tour de rôle tous y soient inscrits. Dans un laps de
temps relativement court, toute l'armée Française y
aurait pris part.

Quant à l'occupation de l'Algérie par cette force
mobile d'environ 110 à 120,000 hommes, voici de la
manière qu'elle pourrait être répartie, sauf modification :

30,000 dans chaque province, Oran, Alger, Constantine, Tunis, ce nombre lui-même serait divisé en 3 parties ou divisions dont chacune d'elles aurait à couvrir une des trois lignes ci-après : Exemple, province d'Oran.

1re LITTORAL MILITAIRE

Gouverneur Militaire ayant Siège à
TLEMCEN ou BEL-ABBÈS

Elle couvrirait de l'Est à l'Ouest les points ci-après :

OUEST. . . . . EST

NEMOURS — SEBDOU — DAYA — SAIDA — FRENDAH

Jusqu'à l'établissement de la 2me ligne

2me LIGNE CENTRALE

Étendue de même de l'Est à l'Ouest elle occuperait des postes à créer et qui seraient construits de façon à couvrir les ouvertures de la première, et s'enfoncerait dans le Sud à cinq étapes environ de trente kilomètres.

3me LIGNE AVANCÉE

Celle-ci plus exposée et dont les postes d'occupation

seraient soigneusement étudiés, ne serait avancée dans
la dernière limite Sud, qu'à quatre étapes de vingt-cinq
kilomètres de la deuxième et aurait le plus fort contin-
gent, sous le commandement d'un général au centre et
de colonels aux différents postes principaux en création.

Il serait à désirer que les provinces d'Oran et de
Tunis, aient un nombre de troupes supérieur aux deux
du centre, les intrigues, dans ces positions extrêmes,
étant le plus à craindre.

Ainsi, chacune de ces trois portions ou divisions,
occupant une ligne, formerait corps détaché, sous le
commandement d'un général et se reléveraient entr'elles
à intervalles égaux, afin qu'elles prissent part dans
l'année, à l'occupation des diverses lignes précitées.

Il résulterait que trois fois dans l'année, les troupes
seraient mises en mouvement, en combinant les époques
de levées de camps pour les opérations de remplacement
des lignes ; sans compter les travaux et les manœuvres
auxquels elles seraient soumises par ordres spéciaux.

Ces troupes ainsi réparties pourraient, tout en concou-
rant à la sécurité du pays, aider à la création des
chemins de fer de pénétration déjà en projet ; à la
construction sur chacune de ces lignes, de routes stra-
tégiques, de camps, de villages, de baraquements,
d'ambulances, de puits, de canaux d'irrigation, de lavoirs
de forteresses, de postes avancés, etc., les bois et les

matériaux se trouveraient en quantité sur place, tant les forêts et les carrières abondent.

Alors les colons ainsi protégés et mis à l'abri d'un coup de main, s'avanceraient résolûment et sans crainte dans l'intérieur ; de la confiance qu'il en renaîtrait, on pourrait en juger par le développement commercial.

DU RÉGIME CIVIL ET MILITAIRE

Comme tous les pays barbares, soumis à une administration brutale et intrigante de leurs chefs, on est en doute que le moment soit venu pour l'Algérie d'y maintenir efficacement le régime civil.

Je voudrais ces deux *Gouvernements* distincts *l'un* de *l'autre*. Le premier applicable aux populations européennes et indigènes établies ou en demeure licite dans les villes ou villages depuis le littoral de la mer, jusqu'à la première ligne militaire.

Quant au second ou régime militaire, son rôle, rôle qui ne peut être rempli que par lui, comprendrait la domination entière du Sud.

L'arabe de l'intérieur est à l'état de brute, il sert de bête de somme à ses gouvernants, taillable et corvéable à merci, ne pouvant avoir d'autres volontés que celles de son souverain et puissant maître.

Ainsi qu'un cheval monté obéit à la volonté de son

cavalier ; dans une mesure proportionnée. Le bâton est à l'arabe, ce que le mors est au cheval.

Dans une semblable situation, il faut convenir que les bienfaits d'un régime civil, ou autrement dit doux et paternel, ne seraient pour lui, qu'un faible bridon appliqué à un animal fougueux ; de là marque supposée de faiblesse du dirigeant

A l'arabe, il faudrait autre chose de plus viril qu'un gouvernement militaire. Il ne serait pas désavantageux au moins pour un certain temps, de lui faire sentir le régime de la terreur, un 93 décapitant quelques grosses têtes, ou tout au moins en déportant à vie une bonne partie, serait un bienfait et d'un exemple salutaire.

Couper le mal par la racine, détruire sans pitié tous les agitateurs ou révolutionnaires, frapper avec énergie est le seul moyen de les amener à la soumission.

Nous voyons dans notre passé, le présent de ces peuplades ; sont-elles dignes de revenir sur l'eau, ou doit-on les laisser plongées dans leur sauvage ignorance et en proie aux vautours fanatiques exploitant leur croyance en leur annonçant à chaque fois la venue du Messie ?

Tous ces misérables qui nous égorgent aujourd'hui et tant qu'ils en trouveront l'occasion, ne sont-ils pas susceptibles étant dégrossis de revenir à de meilleurs sentiments ? Qu'on essaie d'en faire des hommes ; détruire l'oppression qui les environne est un devoir à remplir que l'humanité ordonne.

Ainsi étant données trois lignes dominant leur terri-toire et prêtes à réprimer toute hostilité, exigez que les arabes bâtissent sur place, tant bien que mal, qu'ils se forment un gourbi, qu'ils se réunissent en circonscriptions ; ne pouvant plus être nomades et n'ayant plus l'intérêt de l'être, toute levée de boucliers deviendra impossible. Ils travailleront une terre qui leur sera accordée en prop... et qui leur produira le fruit de leur travail, sans être obligés de payer redevance à tous les frusteurs ou pillards fainéants en quête de moissons à récolter.

Qu'une commission composée de notables parmi les moins pervers et placée sous notre surveillance immédiate, fasse établir sous nos yeux dans chaque circonscription des états nominatifs afin d'ébaucher chez eux un commencement de forme d'état-civil : ces états établis seront remis au commandant de chaque ligne, qui en formera un état général. Les trois lignes de défense ayant opéré de la même manière, on pourra en établir un registre complet destiné au gouverneur.

Ce mode d'opérer pourrait être le commencement des préliminaires devant servir plus tard à soumettre les indigènes au tirage au sort.

Quand le besoin viendra pour eux de s'absenter pour vendre leurs grains, leurs laines, leurs bestiaux, etc., qu'il leur soit délivré un *laissez-passer*, ce laissez-passer nominatif ou numérique suivant les circonstances devra être visé par les divers chefs de poste des lignes qu'ils auront à traverser, il en sera de même au retour.

(Vu pour aller à..) (Vu de retour se rendant à...)

Dans ce cas toutes facultés de déplacement leur étant accordées, il en résultera pour eux une liberté d'action facile à leur commerce et pour nous, de les tenir sous notre surveillance sans qu'ils puissent nous échapper longtemps. Un recensement annuel pour faire connaître les mutations devrait avoir lieu, ce qui permettrait aux nouveaux commandants de chaque ligne, à reconnaitre la situation.

TRANSFORMATION

des Régiments de Tirailleurs et Spahis

EN LÉGION ÉTRANGÈRE

AVEC COSTUME ORIENTAL

Il s'agirait d'utiliser ces forces sans qu'elles puissent nous nuire, s'en servir en corps homogènes serait une erreur qui, à un moment donné, pourrait devenir fatale, cependant comme guides, éclaireurs et même interprètes ils nous sont indispensables.

Nous avons des régiments de légion étrangère à pied, nous devrions en avoir à cheval.

Supprimant Tirailleurs et Spahis et les incorporant dans ces légions, serait un noyau préliminaire qui grossirait bientôt. Nous pourrions ajouter comme recrutement à cette nouvelle organisation, les travaux publics, les soldats des bataillons d'Afrique, compagnies de discipline, pénitenciers, etc., qui étant graciés de leur peine retournent dans nos régiments divers y porter des habitudes d'ivrognerie et d'indiscipline.

La plupart, sans leur enlever leur valeur militaire, sont des soldats de mauvais exemple, qu'il ne faudrait laisser en contact avec les jeunes troupes auxquelles ils inculquent des principes d'insubordination.

Les Arabes aiment l'argent et les grades, en donnant modérément l'un et facilitant l'autre suivant mérite, les chevronnant, leur accordant une haute-paie, il en arrivera un nombre suffisant. Ils sont généralement tous cavaliers et dans quelque pays qu'ils soient conduits, tous sont supérieurs pour le combat.

CONCLUSION

Mettre en mouvement tous les rouages mécaniques ayant trait à la guerre est le moyen d'exercer l'armée aux difficultés imprévues des luttes.

Depuis le plus haut placé jusqu'au dernier soldat, tous doivent s'ingénier à ce gigantesque problème.

J'ajouterais que si cet écrit mérite l'attention de quelques hommes influents, je leur adresse la prière de lui prêter leur appui.

Oran, le 28 juillet 1881.

H. CONCHON.

ORAN

IMPRIMERIE A. DUPONT, RUE DE LA PRÉFECTURE.

1881